TITEL: VLEES

Keukenmateriaal coverfoto: BergHOFF Belgium
Coördinatie: Renate Nelis
Ontwerp: Serge Di Marcantonio
Layout: Ellen Jamar & Stijn Ketelslegers

VLEES

Inhoud alfabetisch

BEREIDINGSTIJD: 20 MIN. | KCOKTIJD: 30 MIN.

Voor 4 personen

- 8 zeer grote champignons
- 1 eetlepel plantaardige olie
- 1 ui, gesnipperd
- 2 knoflookteentjes, gesnipperd
- 350 g vers gemalen varkensvlees
- 2 koppen vers broodkruim
- 1 eetlepel fijngesneden verse salie of peterselie plus extra blaadjes om te garneren
- 1 middelgroot ei, losgeklopt
- zout en zwarte peper

CHAMPIGNONS GEVULD MET VARKENSVLEES

Calorieën 216 | Vet 4 g

- Verwarm de oven voor op 190 °C/gasovenstand 5. Snijd de stengels van de champignons en snijd ze fijn. Verhit de olie in een grote braadpan met een zware bodem en bak de fijngesneden stengels, de ui en de knoflook 3-5 minuten al roerend, of tot alles zacht is. Voeg het varkensvlees toe en laat 5 minuten bakken, of tot het bruin is.
- Schep het mengsel in een kom. Voeg broodkruim, de salie of de peterselie en voldoende van het losgeklopte ei toe om het mengsel lichtjes te binden. Breng op smaak.
- Verdeel de vulling over de champignons met behulp van een lepel. Leg de champignons op een bakplaat en laat ze 20 minuten bakken, of tot de champignons zacht zijn en de bovenlaag goudbruin. Bestrooi ze met de blaadjes salie of peterselie.

Tip: Serveer met een salade en enkele lichtjes met boter ingesmeerde nieuwe aardappelen.

BEREIDINGSTIJD: 10 MIN. | KOOKTIJD: 1 UUR 15 MIN.

Voor 4 personen

- 1 eetlepel plantaardige olie
- 2 middelgrote uien, geschild en gesneden
- 750 g rundergehakt
- 2 knoflookteentjes, gepeld en gekneusd
- 2 blikken van 400 g gehakte tomaten
- 1 laurierblaadje
- 2 theelepels gedroogde oregano
- 1 theelepel gemalen komijn
- 1 klein vers chilipepertje, ontpit en gesneden, of 1-2 theelepel chilipoeder
- 1/4 theelepel cayennepeper
- 2 theelepels gemalen koriander (naar wens)
- 2 blikken van 400 g rode kidneybonen, uitgelekt en afgespoeld
- zout en zwarte peper

CHILI CON CARNE

Calorieën 525 | Vet 21 g

- Verhit de olie in een grote pan met dikke bodem, voeg de uien toe en fruit ze in 5 minuten op een middelmatig vuur zacht en glazig.
- Voeg het gehakt toe en maak het rul met behulp van de rug van een houten lepel. Bak het gehakt 7-10 minuten tot het is gebruind. Giet, indien er meer dan een eetlepel vet in de pan aanwezig is, het overtollige vet af. Voeg knoflook toe en bak 30 seconden zodat de smaak zich ten volle kan ontplooien.
- Voeg tomaten, laurierblaadje, oregano, komijn, chilipepers of chilipoeder, cayennepeper, eventueel koriander en de kidneybonen toe. Breng alles op smaak met zout en peper en roer de ingrediënten goed om. Breng het mengsel aan de kook, zet een deksel op de pan en laat de chili con carne 45 minuten zachtjes koken, zo nu en dan omroerend.
- Neem het deksel van de pan en laat de chili nog eens 15 minuten zachtjes koken, zo nu en dan roerend, tot de saus vol en dik is. Breng de chili zo nodig opnieuw op smaak en serveer deze Mexicaanse specialiteit direct.

Tip: Voor het ontpitten van de chilipepers. Snijd ze in de lengte doormidden, verwijder de steelaanzet en schraap de pitjes en zaadlijsten uit de pepers. Wrijf niet in uw ogen of over uw huid, want de pepers branden! Was uw handen na het snijden.

BEREIDINGSTIJD: 10 MIN. PLUS 5 MIN. RUSTEN | KOOKTIJD: 25 MIN.

Voor 4 personen

- 4 eendenborsten, zonder bot, circa 150 g elk
- sap van 2 grote sinaasappelen, plus enkele reepjes van de schil om te garneren
- 1 groene chilipeper, zonder zaden en fijngesneden
- 1/2 kop droge vermout of sherry
- 1 eetlepel rode aalbessenjam
- zout en zwarte peper

EENDENBORST MET CHILIPEPER

Calorieën 196 | Vet 1,9 g

- Verwarm de oven voor op 220 °C/gasovenstand 7. Snijd met een mes ruitjes in het vel van het vlees. Verhit een braadpan met een zware bodem en leg het vlees er met het vel naar beneden in. Laat op een middelhoog vuur 5 minuten bakken, of tot het vel bruin en krokant is.
- Giet het vet uit de pan, draai het vlees om en laat nog 5 minuten bakken. Leg het met het vel naar boven op een rooster in een braadschotel en rooster het nog 10 minuten in de oven. Laat op een warme plaats rusten.
- Maak ondertussen de dressing. Doe sinaasappelsap, chilipeper, vermout of sherry en jam in de pan en breng op smaak. Laat al roerend 5 minuten koken, of tot de saus dik is.
- Snijd het vlees in dunne plakjes. Serveer met de saus erover gegoten en gegarneerd met sinaasappelschil.

Tip: Door het eendenvlees kort te bakken en daarna te roosteren, blijft het vlees heel sappig. Serveer het op een bedje van blaadjes bittere sla of rucola.

BEREIDINGSTIJD: 10 MIN. | KOOKTIJD: 30 MIN.

Voor 4 personen

- 2 eetlepels balsamicoazijn
- 1 theelepel natuurzuivere honing
- 1 teentje knoflook, fijngesneden
- snuifje vijfkruidenpoeder
- zout en zwarte peper
- 4 eendenborstfilets zonder bot, van 170 g
- 450 g bloemige aardappelen, geschild en geraspt
- 2 eetlepels boter
- 2 eetlepels olijfolie
- 4 eetlepels appel- en pruimenchutney, voor het serveren
- verse kruiden, zoals marjolein of basilicum, voor de garnering

EENDENBORSTFILETS IN BALSAMICOAZIJN

Calorieën 460 | Vet 7 g

- Meng azijn, honing, knoflook, vijfkruidenpoeder, zout en peper in een kom. Maak in elke eendenborst een paar inkepingen en wrijf het mengsel in het vlees. Houd het vlees apart.
- Spoel de aardappelen af en pers er met een schone handdoek overtollig vocht uit. Verwarm 2 eetlepels boter en olie in een bakpan, schep 4 eetlepels van het aardappelmengsel in de pan en duw ze een beetje plat. Bak ze aan elke kant 5-6 minuten tot ze bruin en gaar zijn. Maak op dezelfde wijze nog 4 stuks.
- Verwarm ondertussen de grill tot gloeiend heet. Schroei de filets aan beide kanten in 3-4 minuten dicht. Wikkel de filets in folie en laat ze nog 5 minuten op de grill liggen. Snijd het vlees vervolgens in plakken en serveer de eendenborstfilet, inclusief vleesnat met rösti en een flinke lepel chutney. Garneer het gerecht met verse kruiden.

Tip: Een zoetzure appel- en pruimenchutney pareert de krachtige smaak van eendenborst, waarbij de aardappelrösti zich ook niet onbetuigd laat.

BEREIDINGSTIJD: 25 MIN. | KOOKTIJD: 2 MIN.

Voor 6 personen

- 6 rib-eye steaks
- 1 avocado, in plakjes
- limoenpartjes
- 2 lente-uitjes, diagonaal in ringetjes

Kruidenmix

- 1/2 ui, fijngesneden
- 3 teentjes knoflook, fijngesneden
- 1 eetlepel milde chilipoeder
- 2 theelepels limoenraspsel
- 1 theelepel komijnpoeder
- 2 eetlepels olijfolie
- 1 eetlepel limoensap

GEGRILD RUNDVLEES À LA SANTA FÉ

Calorieën 292 | Vet 4 g

- Meng voor de kruidenmix ui, knoflook, chilipoeder, limoenraspsel, komijnpoeder, olie en limoensap in een kom.
- Wrijf de kruidenmix over beide kanten van het vlees, leg het vlees tussen twee velletjes huishoudfolie en klop het vlees met een vleeshamer plat of rol het dun met een deegroller uit tot 5 mm dikte.
- Gril de steaks op een voorverwarmde grillplaat of in een braadpan aan elke kant 30-60 seconden tot botermals. Serveer het vlees direct met plakjes avocado, limoenpartjes en lente-uitjes.

BEREIDINGSTIJD: 25 MIN. | KOOKTIJD: 75-90 MIN.

Voor 6 personen

- een grote kip
- 2 citroenen
- 2 knoflookteentjes, fijngehakt
- zout en peper
- 2 theelepels verse oregano, fijngesneden
- 2 eetlepels olijfolie

Groenten

- 4 middelgrote aardappelen, geschild en in vieren gesneden
- 450 g pompoen, in stukken gesneden, ongeschild

GEGRILDE KIP MET CITROEN EN GROENTEN

Calorieën 756 | Vet 12 g

- Spoel de kip (binnen- en buitenkant) goed af, laat uitlekken en dep goed droog met een schone doek. Was de citroenen en snijd de schil er met een scherp mesje vanaf. Snijd de schilletjes in kleine stukjes en pers de citroenen uit. Doe het sap in een kommetje en voeg daar de helft van de schilletjes, knoflook, zout, peper, oregano en olie aan toe.
- Leg de kip in een schaal en giet er de helft van het citroenmengsel over; giet ook binnenin. Doe de andere helft van de schilletjes in de buikholte.
- Zorg ervoor dat de barbecue goed heet is, vet het rooster lichtjes in en maak alles klaar voor de indirecte hitte-methode. Leg de kip nu echter eerst direct boven de hittebron, en zorg ervoor dat het vlees aan alle kanten wordt dichtgeschroeid.
  Schuif de kip daarna boven de lekbak voor verdere bereiding met de indirecte methode.
- Leg de aardappel- en pompoenstukjes in twee aparte aluminium grillbakjes.
  Besprenkel ze goed met de rest van het citroenmengsel. Zet de bakjes direct boven de hittebron. Doe het deksel van de barbecue dicht en laat alles 60-90 minuten grillen, terwijl u elke 20 minuten de kip bestrijkt met het oregano-oliemengsel. Keer de aardappel- en pompoenstukjes af en toe.
- Haal alles van de barbecue en zet de aardappel- en pompoenstukjes afgedekt apart.
  Laat de kip nog 5 minuten rusten voordat u het vlees aansnijdt. Serveer met een frisse salade.

BEREIDINGSTIJD: 10 MIN. PLUS MARINEREN | KOOKTIJD: 35 MIN.

Voor 2-3 personen

- 900 g kip

Marinade

- 1,25 dl azijn
- 1,25 dl sinaasappelsap
- 1,25 dl grapefruitsap
- 1 theelepel kaneelpoeder
- 1/2 theelepel gemalen nootmuskaat
- 1 theelepel suiker
- 1/2 theelepel zout (naar wens)

GEGRILDE KIP MET CITRUSVRUCHTEN

Calorieën 31 | Vet 1 g

→ Was de kip aan binnen- en buitenkant en dep droog met keukenpapier. Hak of snijd de kip met een hakmes of groot scherp mes door het borstbeen en leg de kip open. Verwijder de ruggengraat.

→ Meng de ingrediënten voor de marinade. Leg de kippenhelften in een niet-metalen schaal en bedek ze goed met de marinade. Dek het vlees af en zet het 12 uur of een nacht in de koelkast, de kiphelften zo nu en dan kerend.

→ Verhit het grillelement in de oven of de gasgrill tot medium. Leg de kippenhelften op de bodem van een grillpan onder de grill. Gril de helften 10 minuten aan beide zijden en bestrijk ze geregeld met de marinade.

→ Zet de kippenhelften op het grillrek om ze dichter bij het hittebron te garen en gril ze nog eens 5 minuten aan weerszijden. Draai de grill op de hoge stand en gril de kip circa 2 minuten tot bruin en knapperig. Haal de kip uit de oven en leg haar op een verwarmde schaal.

→ Schep wat kooknat over de kip. Serveer de kip met groenten als bijgerecht.

BEREIDINGSTSIJD: 20 MIN. | KOOKTIJD: 16 MIN.

Voor 4-5 personen

- 455 g gehakt kippenvlees
- 125 g droog broodkruim
- 1 middelgrote ui, fijngesnipperd
- 1/2 theelepel zout
- 1/2 theelepel peper
- 2 eetlepels citroensap
- 2 eetlepels gehakte peterselie
- 125 g champignons, fijngehakt
- plantaardige olie

GEGRILDE KIP-CHAMPIGNONKOEKJES

Calorieën 237 | Vet 2 g

- Doe het gehakt kippenvlees in een grote schaal. tegelijk met de andere ingrediënten, behalve de olie. Meng alles goed en kneed om een fijne structuur te verkrijgen. Vorm er vervolgens met vochtig handen 4-5 platte koekjes van.
- Zorg ervoor dat de barbecue gemiddeld heet is. Vet het rooster lichtjes in met plantaardige olie en leg de koekjes erop. Gril ze aan iedere kant 8 minuten en let erop dat ze dan goed gaar moeten zijn. Prik erin met een metalen pen: als er geen roze sap meer uitkomt, zijn ze klaar om gegeten te worden. Geef er een aantal groenten bij. De kip-champignonkoekjes kan u eventueel serveren met barbecuesaus.

BEREIDINGSTIJD: 45 MIN. | KOOKTIJD: 2 UUR EN 20 MIN. LATEN RUSTEN

Voor 6-8 personen

- 1,75 kg lamsbout
- 2 theelepels zout
- 1 theelepel peper
- 125 ml citroensap
- 2 eetlepels knoflook, fijngesnipperd
- 8 brokjes Parmezaanse kaas van 1/2 cm
- 150 g zongedroogde tomaten-pesto
- 2 vellen vetvrij papier, ingesmeerd met olie
- 1 vel bruin pakpapier,
  aan beide zijden ingesmeerd met olie

GEGRILDE LAMSBOUT IN PAPIER

Calorieën 380 | Vet 6 g

→ Spoel de bout af en dep goed droog. Maak rondom 8 inkepingen met de punt van een scherp mes. Leg de bout in een stenen of glazen schaal, wrijf hem in met zout en peper en giet er het citroensap over, met name in de inkepingen. Laat zo 30 minuten staan. Doe daarna in elke inkeping een 1/2 theelepel knoflook, gevolgd door een brokje kaas. Wrijf de bout daarna goed in met de pesto. Verpak de bout eerst in de 2 vellen vetvrij papier en tot slot in het vel pakpapier. Bind goed vast met keukentouw.

→ Zorg ervoor dat de barbecue gemiddeld heet is en is klaargemaakt voor de indirecte hitte-methode. Leg de ingepakte bout op het lichtjes ingevet rooster, boven de lekbak, en laat zo ongeveer 2 uur garen. Na 1 uur keren. Neem de bout van de barbecue en laat 20 minuten rusten voordat u hem uitpakt en aansnijdt. Let erop dat bij opening van het papier heet sap vrijkomt, dat overigens opgevangen kan worden en als jus bij de maaltijd kan dienen.

→ Serveer met niet-scherpe mosterd, groene salade en geroosterd (stok)brood dat is ingesmeerd met knoflook.

BEREIDINGSTIJD: 15 MIN. | KOOKTIJD: 20 MIN.

Voor 4 personen

- 2 theelepels dijonmosterd
- 2 theelepels heldere honing
- 2 knoflookteentjes, geperst
- 1 eetlepel fijngesneden verse rozemarijn, plus extra takjes om te garneren
- 3 eetlepels olijfolie of gesmolten boter
- zout en zwarte peper
- 8 lamskoteletten
- 100 g fijn wit vers broodkruim

Pastinaakpuree

- 450 g pastinaken, in stukken gesneden
- 450 g bloemige aardappelen, in stukken gesneden
- 2 knoflookteentjes
- 50 g boter
- 5 eetlepels halfvolle room
- vers gemalen nootmuskaat

GEPANEERDE LAMSKOTELETTEN MET PASTINAAKPUREE

Calorieën 804 | Vet 50 g

➔ Meng de mcsterd, honing, knoflook, rozemarijn en 2 eetlepels van de olie of boter door elkaar. Bestrooi royaal met peper. Schep een dikke laag van het mengsel over de koteletten en strooi er het broodkruim overheen.

➔ Kook voor de puree de pastinaken, aardappelen en knoflook in een pan met water en zout in 15-20 minuten gaar. Giet goed af en stamp fijn met de boter en room. Breng op smaak met zout, peper en nootmuskaat.

➔ Verwarm ondertussen de grill voor (niet te heet). Leg het vlees op het rooster en besprenkel met de rest van de olie of boter. Rooster beide zijden 7-8 minuten onder de grill tot het vlees gaar is; verlaag de temperatuur zo nodig om het broodkruim niet te laten verbranden. Serveer de koteletten met de puree en garneer met rozemarijn.

Tip: Door de knapperige korst blijft de smaak van deze lamskoteletten behouden; combineert uitstekend met de zoete pastinaakpuree, vooral met een royale schep rodebessenjam.

BEREIDINGSTIJD: 15 MIN. PLUS 6 UUR MARINEREN | KOOKTIJD: 25 MIN.

Voor 4 personen

- 4 kipfilets

Marinade

- 1 theelepel zout
- 2 knoflookteentjes, gesnipperd
- een stuk verse gember van 2 cm, fijngesneden
- 1 eetlepel fijngesneden verse koriander, plus extra blaadjes om te garneren
- 1 eetlepel fijngesneden verse munt
- 1/2 theelepel kurkuma
- 1/2 theelepel pikant chilipoeder
- 2 kardemompeulen, de peulen verwijderd en de zaden bewaard
- 4 eetlepels yoghurt
- sap van 1/2 citroen

GEROOSTERDE TANDOORIKIP

Calorieën 135 | Vet 0,5 g

- Maak de marinade. Plet het zout, de knoflook, de gember, de koriander, de munt, de kurkuma, het chilipoeder en de kardemomzaden met stamper en vijzel tot een pasta. Schep het mengsel in een grote, niet-metalen kom, voeg de yoghurt en het citroensap toe en vermeng alles goed.
- Snijd met een scherp mes viermaal in elk stuk kip, voeg ze toe aan de kom en bedek ze met de marinade. Dek af en zet 6 uur of een nacht koel weg.
- Verwarm de oven voor op 220 °C/gasovenstand 7. Leg de filets op een rooster in een braadslee en bak ze 20-25 minuten of tot ze gaar zijn en de sappen helder zijn als u er met een spies in prikt.

Tip: Dit is een eenvoudige versie van het Indische recept, maar de kruiden en specerijen geven het veel smaak. Serveer met naanbrood en een salade.

BEREIDINGSTIJD: 5 MIN. | KOOKTIJD: 1 UUR EN 20 MIN.

Voor 6 personen

- 1,350 kg konijn, in 6 tot 10 delen
- zout en peper
- 2 eetlepels olie of geklaarde boter
- 6 kleine uien, gehalveerd
- 1/2 l water
- 1 eetlepel verse tijm, fijngehakt
- 2 laurierblaadjes
- 300 g gedroogd gemengd fruit (tutti frutti)
- 320 ml rode wijn
- 125 ml room

GESMOORD KONIJN MET GEDROOGD FRUIT

Calorieën 513 | Vet 7,5 g

- Was de konijndelen en dep ze droog. Snijd eventueel in kleinere stukken en bestrooi met zout en peper. Verhit de olie of boter in een grote braadpan (met deksel). Voeg konijn toe en braad alle stukken, eventueel in porties, aan alle kanten goed.
- Leg ze op een groot bord. Zet het vuur wat lager, voeg de uien toe en bak tot ze goudbruin zijn. Voeg het water toe en roer goed. Doe het vlees weer in de pan, en voeg tijm en laurierblaadjes toe. Dek af en laat 40 minuten stoven op een zeer zacht vuur.
- Voeg het gedroogde fruit en de wijn toe, doe het deksel er weer op en laat nog 30 minuten stoven tot het vlees heel zacht is. Voeg eventueel nog wat vocht toe tijdens het stoven. Breng op smaak, voeg de room toe en laat nog 5 minuten sudderen. Serveer met rijst of aardappelpuree.

BEREIDINGSTIJD: 20 MIN. | KOOKTIJD: 1 UUR EN 35 MIN.

Voor 4 personen

- 1 eetlepel olijfolie
- 4 lamskoteletten, goeddeels van vet ontdaan (vraag eventueel of uw slager dat wil doen)
- 500 g tomaten uit blik, fijngesneden
- 250 ml rode wijn
- 1 laurierblad
- 6 takjes verse tijm
- 1 kaneelstokje
- 350 g pompoen, in grote stukken gesneden
- 2 courgettes, in grote stukken gesneden
- 8 gedroogde abrikozen
- 8 gedroogde pruimen
- 250 g couscous
- 2 eetlepels amandelschaafsel, geroosterd

GESTOOFDE LAMSKOTELETTEN MET COUSCOUS

Calorieën 430 | Vet 5 g

- Verwarm de oven voor op 160 °C/gasovenstand 3. Verhit de olie in een grote braadpan en bak hierin de koteletten op een hoog vuur aan, eventueel in porties. Doe ze over in een ovenvaste schaal.
- Voeg tomaten, wijn, laurierblad, tijm en kaneelstokje toe. Dek de schotel af en zet 1 uur in de oven. Voeg dan de pompoen, courgette, abrikozen en pruimen toe en zet het geheel, nu zonder deksel, 30 minuten of iets langer in de oven, tot de groenten zacht zijn en het lamsvlees bijna van het bot loslaat.
- Doe de couscous in een grote kom, giet daar 1/2 l heet water over en laat 10 minuten staan of tot al het vocht is opgenomen.
- Serveer de lamskoteletten in diepe borden: leg ze op een schep couscous en garneer met het geroosterd amandelschaafsel.

BEREIDINGSTIJD: 10 MIN. | KOOKTIJD: 2 UUR

Voor 4-6 personen

- 1 kg runderstoofvlees, in blokjes gesneden
- 2 eetlepels bloem
- 1 theelepel suiker
- 3 uien, in ringen gesneden
- 1 theelepel knoflook, fijngesnipperd
- 200 g mager spek, zeer fijn gesneden
- 1 eetlepel olijfolie
- 1 eetlepel worcestersaus
- 2 eetlepels moutazijn
- 300 g salsa, medium scherp (potje)
- gemalen zeezout
- gemalen zwarte peperkorrels

h o o f d g e r e c h t

HARTIGE STOOFPOT

Calorieën 328 | Vet 4,7 g

- Rol de stukjes rundvlees door de bloem die eerst is vermengd met de suiker. Zet apart.
- Fruit in een grote afsluitbare braadpan met dikke bodem de uien, knoflook en bacon in de olijfolie tot alles zacht is.
- Voeg het vlees erbij en braad het zachtjes maar goed aan zodat de smaken goed met elkaar worden vermengd.
- Voeg de rest van de ingrediënten toe, breng op smaak en laat 2 uur sudderen op zeer laag vuur met het deksel op de pan.

BEREIDINGSTIJD: 20 MIN. | KOOKTIJD: 45 MIN.

Voor 4-5 personen

- 680 g kruimige aardappelen, geschild en in stukjes gesneden
- zout en zwarte peper
- 2 eetlepels plantaardige olie
- 1 ui, fijngesnipperd
- 1 stengel bleekselderij, in kleine stukjes gesneden
- 1 middelgrote wortel, geschild en in stukjes gesneden
- 450 g lamsgehakt
- 1 eetlepel tomatenpuree
- 2 eetlepels worcestersaus
- 170 ml lamsbouillon
- 30 g boter
- 50 ml volle melk

hoofdgerecht

HERDERSSCHOTEL

Calorieën 522 | Vet 20 g

- Doe de aardappelen in een pan en kook ze in gezouten water gaar in 15-20 minuten.
- Verwarm de oven voor op 200 °C/gasovenstand 6. Verhit de olie in een grote braadpan met dikke bodem en bak daarin op een middelhoog uur 2-3 min. ui, bleekselderij en wortel.
- Voeg het lamsgehakt toe en bak het, al roerend, in 5 min. mooi bruin. Voeg tomatenpuree en worcestersaus toe, goed roeren. Voeg na 2 minuten de bouillon toe en roer goed, breng op smaak. Laat 5 minuten stoven.
- Giet de gare aardappelen af en maak er met de boter en de melk een zachte puree van.
- Doe het lamsgehaktmengsel over in een diepe ovenschaal van 15 cm x 23 cm. Leg de puree erover in een mooie, dikke laag en maak er met een vork figuurtjes in. Zet 20 minuten in de oven of tot de bovenkant goudbruin is.

BEREIDINGSTIJD: 20 MIN. | KOOKTIJD: 55 MIN.

Voor 4 personen

- 680 g aardappelen, geschild en gehakt
- 1/2 kop olijfolie
- 1 eetlepel gehakte kappertjes
- 2 eetlepels geroosterde knoflookpuree
- zout
- versgemalen zwarte peper
- 2 eetlepels olijfolie
- 900 g (8 ribben) kalfsribstuk
- 2 eetlepels tijmblaadjes
- 1 kop witte wijn
- 1,5 kop kippenbouillon

Geroosterde knoflookpuree

- 3 hele knoflookbollen
- 50 ml olijfolie
- 1 eetlepel gehakte tijm

KALFSRIBSTUK MET TIJM OP GEROOSTERDE KNOFLOOK-AARDAPPELTJES

Calorieën 753 | Vet 7 g

- Verwarm de oven voor op 180 °C/Gasstand 4. Kook de aardappelen tot ze zacht zijn. Giet ze af, stamp of pureer ze en voeg olijfolie, kappertjes en de helft van de knoflookpuree (zie stap 5 en 6) toe. Roer alles goed door, breng op smaak met zout en peper en zet apart.
- Verhit 2 eetlepels olijfolie in een pan en braad het vlees tot het aan alle kanten dichtgeschroeid is. Dit duurt ongeveer 5 minuten. Haal het vlees uit de pan, leg het op een rooster en giet de jus in een ovenschaal. Wrijf het vlees in met knoflookpuree en de helft van de tijm, kruid het met zout en peper, leg het in de ovenschaal en voeg de helft van de wijn en bouillon toe.
- Zet de schaal 20 minuten in de oven, of tot het vlees gaar genoeg is. Wikkel het vlees in aluminiumfolie en laat het 10 minuten rusten.
- Voeg de rest van de tijm, wijn en bouillon aan de jus toe en laat die 5 minuten op middelhoog vuur inkoken.
- Snijd voor de geroosterde knoflookpuree zoveel van de bovenkant van de bollen af dat de punten van de tenen te zien zijn. Zet de bollen met de bovenkant omhoog in een braadpan, besprenkel ze met de olijfolie en tijm.
- Bedek de pan met folie en bak de bollen op 180 °C/Gasstand 4 tot de bollen zacht, goudbruin en doorzichtig zijn. Dit duurt ongeveer 45-60 minuten. Laat ze afkoelen, druk de knoflook uit de tenen en pureer in een blender of foodprocessor.

BEREIDINGSTIJD: 10 MIN. PLUS 10 MIN. MARINEREN | KOOKTIJD: 20 MIN.

Voor 4 personen

- 2 eetlepels plantaardige olie
- 5 eetlepels muntgelei
- 1 teentje knoflook
- geraspte schil en sap van 1/2 citroen
- versgemalen zwarte peper
- 400 g kalkoenfilet, in stukken van 2 cm
- 2 courgettes, elk in 8 blokjes gesneden
- 2 kleine rode paprika's, van zaad ontdaan en elk in 8 stukken gesneden

KALKOENKEBAB MET MUNT EN GROENTEN

Calorieën 268 | Vet 9 g

- Doe de olie, muntgelei, het geperste teentje knoflook, de citroenschil en het citroensap in een pan en warm dit mengsel zachtjes op, totdat de gelei is gesmolten. Breng op smaak en giet in een ondiepe schaal. Roer de kalkoen, courgettes en paprika's erdoor. Dek de marinade af en zet 10 minuten in de koelkast.
- Verwarm de grill voor op de hoogste stand. Rijg de kalkoen en groente om en om aan vleespennen en houd de marinade apart voor het bedruipen.
- Leg de pennen op een ingevet rooster en gril ze 15 minuten. Keer ze en bedruip ze regelmatig met de marinade, totdat de kalkoen bruin is en de groente gaar.

Tip: U kunt dit gerecht ook een paar uur van tevoren voorbereiden en de kalkoen langer laten marineren. Serveer met nieuwe aardappelen.

BEREIDINGSTIJD: 5 MIN. | KOOKTIJD: 16 MIN.

Voor 4 personen

- 3 eetlepels bloem
- versgemalen peper en zout
- 4 kipfilets van 200 g
- 1 eetlepel olijfolie
- 1 eetlepel boter
- 1,25 dl room
- 50 ml citroensap
- 2 eetlepels fijngehakt basilicum
- versgemalen zwarte peper
- zeezout

Saus

- 1 eetlepel boter
- 2 teentjes knoflook
- 1,25 dl kippenbouillon

KIP MET BASILICUM-ROOMSAUS

Calorieën 374 | Vet 8 g

- Meng de bloem en peper en zout in een kom en haal de kipfilets erdoor. Schud overtollige bloem eraf.
- Verhit de olie en boter in een pan en bak daarin de kip in 5-6 minuten aan weerszijden bruin op halfhoog vuur. Haal de filets uit de pan en houd ze warm.
- Veeg de pan schoon, verhit daarin de boter en bak het knoflook 2 minuten. Voeg de kippenbouillon, room en het citroensap toe. Breng dit aan de kook en laat het iets indikken.
- Strooi het basilicum en zout en peper erover vlak voor het opdienen en verdeel de kip met de saus over vier borden.

BEREIDINGSTIJD: 30 MIN.EN 1 UUR MARINEREN | KOOKTIJD: 40 MIN.

Voor 4 personen

- 1 grote kip (of 2 kleinere)

Voor de marinade

- 1 ui, fijngesnipperd
- 6 knoflookteentjes, fijngesnipperd
- 2 eetlepels verse gember, kleingesneden
- 3 eetlepels citroensap
- 1/2 l yoghurt
- 2 eetlepels garam masala
- 1 theelepel zout
- 1 theelepel peper
- 1/2 theelepel cayenne peper
- 1/2 theelepel rode kleurstof voor voedsel (eventueel)

Voor de garnering

- 6 partjes citroen
- blaadjes koriander

KIP TANDOORI

Calorieën 178 | Vet 3 g

→ Snijd de kip in delen en verwijder eventueel het vel. Maak wat inkepingen zodat de marinade goed kan intrekken. Vermaal ui, knoflook, gember en citroensap tot een pasta in de keukenrobot. Doe dit over in een schaal en voeg meteen yoghurt, garam masala, zout, peper en de cayennepeper toe, en eventueel de kleurstof. Alles goed vermengen, de kipdelen erbij doen en ze goed met de marinade inwrijven.
Laat 1 uur afgedekt marineren, buiten de koelkast maar wel op een absoluut koele plaats.

→ Zorg ervoor dat de barbecue goed heet is en leg de stukken kip op het ingevette rooster. Doe het deksel dicht en gril de grotere kipdelen in ongeveer 40 minuten gaar en de kleinere in ongeveer 20 minuten. De kip mag niet meer roze zijn binnenin.
De kipdelen regelmatig keren en bestrijken met wat olie. Serveer met partjes citroen en de blaadjes koriander.

BEREIDINGSTIJD: 10 MIN. | KOOKTIJD: 35 MIN.

Voor 4 personen

- 4 grote kipfilets
- 8 zongedroogde tomaten in olie, uitgelekt
- 8 repen gerookte bacon, zonder zwoerd
- 2 eetlepels olijfolie
- 450 g jonge prei
- 3,75 dl verse kippenbouillon
- 2 eetlepels brandy
- 250 g magere room
- 2 eetlepels verse dragon, fijngesneden, plus extra voor het garneren
- zout en zwarte peper

KIPPAKKETJES MET DRAGONROOMSAUS

Calorieën 545 | Vet 8 g

- Verwarm de oven voor op 200 °C. Maak in elke kipfilet een diepe inkeping. Duw hier twee zongedroogde tomaten in en wikkel er twee plakjes bacon omheen. Zet elke kipfilet vast met een cocktailprikkertje.
- Verwarm 1 eetlepel olie in een vuurvaste braadpan. Bak de kipfilets aan elke kant in 2-3 minuten goudbruin. Zet de pan in de oven en laat de kip hierin 15 minuten garen. Leg de kipfilets op een schaal, verwijder de cocktailprikkertjes en houd het vlees warm. Verwarm in de tussentijd de grill tot gloeiend heet. Bestrijk de stengels prei met de resterende olie en gril ze in 6-8 minuten gaar.
- Giet ondertussen de bouillon en brandy in de braadpan. Laat de vloeistof op hoog vuur, al roerend, tot de helft inkoken. Klop de room en de dragon erdoor en laat de saus 2-3 minuten indikken. Breng de saus op smaak met zout en peper en lepel ze over de kippakketjes en de prei.

  Garneer het geheel met dragon.

BEREIDINGSTIJD: 15 MIN. | KOOKTIJD 2 UUR EN 5 MIN.

Voor 4 personen

- 2 eetlepels bloem
- zout en zwarte peper
- 4 lamsschenkels, het zichtbare vet verwijderd
- 2 eetlepels olijfolie
- 1 ui, fijngesnipperd
- 1 wortel, zeer fijn gesneden
- 1 stengel bleekselderij, zeer fijn gesneden
- 450 g tomaten met knoflook en kruiden uit blik, fijngesneden
- 1 eetlepel pasta van zongedroogde tomaten
- 125 ml droge witte wijn
- 1/2 l lamsbouillon

Garnering

- 1 eetlepel verse peterselie, fijngesneden
- 1 eetlepel verse munt, fijngesneden
- geraspte schil van 1 citroen
- 1 knoflookteentje, zeer fijn gesnipperd

LAM 'OSSOBUCCO'

Calorieën 385 | Vet 18 g

→ Verwarm de oven voor op 160 °C/gasovenstand 3. Doe bloem, peper en zout bij elkaar in een platte schaal en wentel daar de schenkels in tot ze goed bedekt zijn. Verhit 1 eetlepel olie in een grote braadpan met dikke bodem tot zeer heet. Leg de schenkels erin, draai het vuur iets lager en bak ze onder voortdurend keren in 5-8 minuten mooi bruin aan beide kanten. Doe ze over in een diepe, ovenvaste schaal.

→ Verhit de rest van de olie in de pan, voeg ui, wortel en bleekselderij toe en bak bij een gemiddelde temperatuur 4-5 minutten tot de groenten zacht zijn. Voeg tomaten, tomatenpasta, wijn en bouillon toe en breng onder voortdurend roeren aan de kook. Giet het mengsel over de lamsschenkels, bedek de ovenschaal met bakfolie en zet bijna 2 uur in de oven. Halverwege de bereidingstijd de schenkels keren. Voeg peper en zout toe.

→ Om de garnering te maken, voegt u alle ingrediënten bij elkaar en roert u ze goed door. Strooi de garnering pas vlak voor het serveren over de stoofschotel.

Tip: In deze variatie op het Italiaanse recept voor kalfsschenkel wordt het lamsvlees boterzacht gegaard. Het gerecht is heerlijk en ook vullend, vooral met verse lintmacaroni erbij.

BEREIDINGSTIJD: 40 MIN. | KOOKTIJD: 15-20 MIN.

Voor 4-5 personen

- 2 lamsfilets (ongeveer 680 g)
- 1/2 theelepel knoflook, fijngesnipperd
- 1 eetlepel citroensap
- 2 theelepels olijfolie
- zout en peper

salsa-pilav

- 375 g ongekookte rijst
- 1,5 l water
- 50 g geroosterde pijnboompitjes
- 285 g tomatensalsa (potje)
- 2 eetlepels krenten

LAMSFILET MET SALSA-PILAV

Calorieën 615 | Vet 5 g

- Breng de filets netjes in vorm. Leg ze in een schaal en voeg knoflook, citroensap, olijfolie, zout en peper toe. Wentel de filets goed door de marinade en laat 30 minuten afgedekt staan. Kook de rijst ongeveer 15 minuten met wat zout, tot de rijst zacht is. Het water afgieten en de rijst goed laten uitlekken. Verhit een kleine pan, en rooster daarin, onder voortdurend schuiven, de pijnboompitjes tot ze gaan kleuren. Voeg de salsa en de krenten toe. Houd warm.
- Zorg ervoor dat de barbecuegrillplaat gemiddeld heet is en vet de plaat lichtjes in. Leg de filets op de plaat en bereid ze in 6-8 minuten, terwijl u ze af en toe keert. Laat 5 minuten rusten en snijd de filets in schuine plakken van 1 cm dik.
- Maak op elk bord een torentje rijst met behulp van een kopje dat u eerst met koud water hebt omgespoeld. Giet er het salsamengsel over en leg de lamsreepjes erbij.

BEREIDINGSTIJD: 20 MIN.| KOOKTIJD: 15 MIN.

Voor 4 personen

- 1/2 kop rode wijn
- 1/2 kop groentebouillon
- 225 g cranberry- met sinaasappelsaus (pot)
- 15 g gekoelde boter
- 2 theelepels olie, om te bakken
- 12 lamskoteletjes, van overtollig vet ontdaan

Voor de salsa:

- geraspte schil (eventueel) en vlees van 1 sinaasappel
- 3 sjalotten, in dunne plakken
- 3 eetlepels gehakte verse peterselie
- 1 theelepel olijfolie

LAMSKOTELETJES MET CRANBERRYSAUS

Calorieën 465 | Vet 22 g

- Breng de wijn en de bouillon in een kleine steelpan aan de kook. Laat dit op een hoog vuur 5-6 minuten tot de helft inkoken. Roer de cranberry- met sinaasappelsaus erdoor en blijf 2-3 minuten roeren tot het een dikke pap is. Haal de pan van het vuur en roer de gekoelde boter erdoor. Zet apart.
- Voor de salsa: schil de sinaasappel met een scherp mes, verwijder de vliesjes van de partjes en snijd het vlees fijn. Doe dit met de rest van de ingrediënten in een kom.
- Verhit de olie in een grote, antiaanbakpan op een hoog vuur en bak de koteletjes 3-4 minuten aan een kant tot ze bruin zijn . Doe dit in twee porties: bak de eerste 6 aan een kant, haal ze uit de pan, bak daarna de rest op dezelfde manier. Keer ze om en leg de koteletjes terug in de pan. Giet de helft van de saus erbij en laat 2 minuten sudderen.
  Serveer de koteletten met de bruine kant naar boven met salsa en schenk de rest van de saus over de koteletten.

BEREIDINGSTIJD: 15 MIN. | KOOKTIJD: 2 MIN.

Voor 4 personen

- 1 eetlepel zonnebloemolie
- 2 kipfilets
- 6 tenen knoflook, ongepeld
- 150 g kastanjechampignons of cantharellen, in plakjes
- 2 dl room
- zout en zwarte peper
- 450 g verse linguine
- 3 eetlepels ongezouten boter
- 4 eetlepels versgeraspte Parmezaanse kaas

LINGUINE MET KIP EN PADDENSTOELEN

Calorieën 768 | Vet 49 g

- Verwarm de oven voor op 200 °C. Verhit de olie in een steelpan met dikke bodem. Voeg de kipfilets toe en braad beide kanten gedurende 1 minuut of tot ze bruin zijn. Snijd de filets doormidden en leg ze naast elkaar in een ovenschaal.
- Doe de tenen knoflook in de pan en bak ze 3 minuten of tot ze zacht worden. Haal ze uit de pan, laat ze iets afkoelen, pel ze en pers het knoflookvlees. Voeg dit met de paddenstoelen, room en zout en peper toe aan de kip. Dek de schaal af met aluminiumfolie en zet ze 20 minuten in de oven of tot de kip mals en gaar is.
- Kook de pasta beetgaar in ruim water met wat zout. Giet hem af en doe hem terug in de pot. Schep de boter en de Parmezaanse kaas erdoor. Doe de pasta in een schaal en schep het mengsel van kip en paddenstoelen erover.

BEREIDINGSTIJD: 10 MIN. | KOOKTIJD: 40 MIN.

Voor 6 personen

- 1,250 kg ossenhaas
- 30 g boter
- 1/2 kop madeira of port
- zout en peper
- 4 ansjovisfilets of 1 eetlepel kappertjes
- 1/2 kop gemengde en gehakte verse kruiden
- diverse salades (kropsla, rucola, waterkers, kerstomaten

h o o f d g e r e c h t

OSSENHAAS MET KRUIDEN

Calorieën 464 | Vet 12 g

→ Snijd overtollig vet van de ossenhaas en bind hem in een mooie vorm.
Verwarm de oven voor op 200 °C/Gasstand 6. Verhit de boter in een zware pan.
Leg de ossenhaas in de pan en bak hem op een hoog vuur aan alle kanten mooi bruin.
Giet er de helft van de wijn over en strooi er zout en peper overheen.

→ Braad het vlees 25 minuten en bedruip het regelmatig, laat het vlees daarna 10 minuten staan.
Roer de rest van de wijn door de jus, breng vlug aan de kook en bedruip het vlees ermee.

→ Vermeng de ansjovis of kappertjes met de kruiden en druk dit mengsel op het vlees.
Trek de salade in hapklare stukken en leg ze met de tomaatjes op een schotel.
Snijd het vlees en leg dit op de salade.

BEREIDINGSTIJD: 15 MIN. PLUS 1 UUR RUSTTIJD | KOOKTIJD: 5 MIN.

Voor 4 personen

- 2 theelepels gemengde peperkorrels
- 4 magere lende- of filetsteaks, vet weggesneden
- verse peterselie, voor de garnering

Salsa

- 3 tomaten
- 2 eetlepels tomatensap
- 2 eetlepels olijfolie
- 1 rode ui, fijngesneden
- 2 theelepels mierikswortelsaus
- 1 eetlepel verse peterselie, fijngesneden
- versgemalen zwarte peper

hoofdgerecht

PEPERSTEAKS MET RODE-UIENSALSA

Calorieën 247 | Vet 12

→ Leg voor de salsa de tomaten in een kom, giet er kokend water over en laat ze 30 seconden staan. Verwijder de velletjes en zaadjes en snijd de tomaten in blokjes. Doe het vruchtvlees in een kom, samen met het tomatensap, de helft van de olie, de mierikswortelsaus, peterselie en zwarte peper. Meng alles goed door elkaar. Dek de salsa af en laat 1 uur staan.

→ Verwarm de grill tot middelhoog. Kneus de peperkorrels met een stamper en vijzel of een deegroller fijn. Bestrijk de steaks aan beide kanten met de rest van de olie en verdeel er de gekneusde peperkorrels over.

→ Rooster de steaks op het grillrooster aan elke kant 4-5 minuten tot mooi goudbruin en tot het vlees de gewenste gaarheid heeft bereikt. Serveer het vlees met de rode uiensalsa en garneer het gerecht met verse peterselie.

BEREIDINGSTIJD: 15 MIN. | KOOKTIJD: 10 MIN.

Voor 4 personen

- 12 lamskoteletten
- 3 eetlepels pesto

Salsa

- 2 eetlepels olijfolie extra vierge
- 2 theelepels balsamicoazijn
- 1 eetlepel zuivere honing
- 1 theelepel dijonmosterd
- 225 g kerstomaten, gehalveerd
- 1 kleine rode ui, fijngehakt
- zout en zwarte peper
- 2 eetlepels gehakt vers basilicum, plus extra blaadjes als garnering

PESTO-LAM MET KERSTOMATEN-SALSA

Calorieën 485 | Vet 9 g

- Verhit de grill op medium. Leg de koteletten op het grillrooster en smeer ze in met de helft van de pesto. Gril ze 4-5 minuten, keer ze, smeer ze in met de rest van de pesto en grill ze nog 4 minuten of tot ze gaar zijn.
- Maak intussen de salsa. Meng de olie, azijn, honing en mosterd in een kom. Voeg tomaten en ui toe en roer alles goed door elkaar. Voeg zout en peper toe en roer het basilicum erdoor. Serveer de koteletten met de salsa, gegarneerd met basilicum.

Tip: Serveer met nieuwe aardappelen en een groene salade.

BEREIDINGSTIJD: 15 MIN. | KOOKTIJD: 30 MIN.

Voor 4 personen

- 3 eetlepels plantaardige olie
- 1 ui, gesnipperd
- 2 knoflookteentjes uit de pers
- 3 eetlepels patentbloem
- 2 eetlepels milde korma currypoeder
- 680 g kipfilet, in blokjes van 2,5 cm gesneden
- 450 ml kippenbouillon
- 30 g blanke rozijnen
- 1 eetlepel fijngesneden verse koriander
- 1 theelepel garam masala
- sap van 1/2 citroen
- 4 eetlepels zure room

ROMIGE KIPKORMA

Calorieën 439 | Vet 20 g

- Verhit de olie in een pan met dikke bodem, voeg ui en knoflook toe en fruit in 5 minuten glazig.
- Meng bloem en currypoeder in een kom. Doe het vlees erin en schud het door de gekruide bloem. Bewaar de bloem. Voeg het vlees bij de ui en knoflook en braad al roerend in 3-4 minuten lichtbruin. Roer de gekruide bloem door en laat 1 minuut doorkoken.
- Voeg de bouillon en rozijnen toe en breng al roerend aan de kook. Dek af en laat 15 minuten sudderen. Voeg de koriander en garam masala toe en laat 5 minuten doorkoken of totdat de smaken vrijgekomen zijn en de kip gaar is. Haal de pan van het vuur en roer citroensap en zure room erdoor. Zet weer op het vuur maar breng niet aan de kook.

Tip: Als u van curry houdt maar geen uren in de keuken wilt staan, is dit gerecht iets voor u. De milde smaak past goed bij rijst of op broodjes. Probeer ook eens met knapperig gebakken uiringen.

BEREIDINGSTIJD: 5 MIN. | KOOKTIJD: 10 MIN.

Voor 4 personen

- 1 eetlepel olijfolie
- 1 eetlepel boter
- 500 g kipfilet zonder vet
- beetje sambal
- 2 eetlepels patentbloem
- 1 eetlepel Duitse mosterd
- 2 eetlepels room
- verse peterselie, fijngesneden

ROMIGE MOSTERDKIP

Calorieën 192 | Vet 3,3 g

- Verhit boter en olijfolie in een pan op een matig vuur. Voeg de kip toe die door de sambal en de bloem is gewenteld. U kunt de kip in reepjes of als hele filets braden.
- Voeg al roerend Duitse mosterd of pitjesmosterd, room en peterselie toe om een heerlijke saus te maken.

Tip: In dit recept kan room worden gebruikt als u veel saus wil maken. Serveer met aardappelpuree en reepjes wortel en courgette. In plaats van kip kunt u ook reepjes kalfs-, rund- of varkensvlees gebruiken.

BEREIDINGSTIJD: 10 MIN. PLUS 15 MIN. WEEKTIJD | KOOKTIJD: 20 MIN.

Voor 4 personen

- 15 g gedroogde porcini-paddestoelen
- 6 eetlepels boter
- 4 runderfilets
- 600 g verse wilde paddenstoelen, in plakjes
- 1 teentje knoflook, fijngesneden
- 1 theelepel verse tijm, fijngesneden, plus extra voor het garneren
- 1,25 dl rode wijn
- 1,25 dl runderbouillon
- zout en zwarte peper

RUNDERFILET MET WILDE PADDENSTOELEN

Bereiden 20 min. | Calorieën 436 Vet 6 g

- Verwarm de oven voor op 160 °C. Giet 85 ml kokend water over de gedroogde paddenstoelen. Laat ze 15 minuten wellen tot ze zacht zijn. Laat ze uitlekken en bewaar het paddenstoelennat. Snijd de geweekte paddestoelen fijn. Smelt 1/2 eetlepel boter en bak de steaks aan elke kant 2-3 minuten tot goudbruin van kleur. Wikkel het vlees losjes in aluminiumfolie en houd de filets warm in de oven.
- Voeg 1/2 eetlepel boter toe aan de pan met het vleesnat en bak hierin de verse paddenstoelen, porcini, knoflook en gember in 4 minuten zacht. Voeg de wijn toe, draai het vuur hoger en laat alles 1-2 minuten inkoken tot de saus tot de helft is gereduceerd.
- Meng het paddenstoelennat door de runderbouillon, giet dit mengsel bij de ingekookte wijn en laat alles 3 minuten zachtjes koken. Roer de resterende boter erdoor en breng de saus op smaak met zout en peper. Serveer de saus bij de runderfilets en garneer het gerecht met tijm.

BEREIDINGSTIJD: 25 MIN. | KOOKTIJD: 2 UUR

Voor 4 personen

- 2 eetlepels plantaardige olie
- 680 g runderstoofvlees, in blokjes van 25 mm
- 2 grote uien, geschild en in ringetjes
- 250 ml rode wijn
- 625 ml runderbouillon, vers of met een bouil lonblokje gemaakt
- vers takje peterselie, takje tijm en laurierblaadje, stengels bijeengebonden met keukentouw
- zout en zwarte peper
- 3 grote wortelen, geschraapt en in plakjes
- 1 kleine gele of gewone koolraap, geschild en in blokjes van 1 cm
- 2 stengels bleekselderij, in plakjes
- 2 grote aardappelen, geschild en in blokjes van 1 cm

RUNDER-STOOFSCHOTEL

Calorieën 428 | Vet 11 g

- Verhit 1 eetlepel olie in een grote, vuurvaste braadpan. Voeg de helft van het vlees toe en bak dit 5 minuten al roerend tot het is gebruind. Schep het vlees uit de pan en houd het apart terwijl u de rest van het vlees bakt. Doe de eerste portie weer terug in de pan.
- Giet ondertussen de rest van de olie in een grote pan met dikke bodem. Voeg de uien toe en fruit ze met het deksel op de pan in 5 minuten zacht, zo nu en dan omroerend. Blus de uien af met wijn, breng het mengsel aan de kook en kook het 5 minuten tot het vocht voor de helft is gereduceerd.
- Voeg het uimengsel met de bouillon en het bosje kruiden toe aan het rundvlees. Bind het uiteinde van het keukentouw om het handvat van de braadpan. Breng de stoofschotel op smaak met zout en peper (u hebt niet veel zout nodig, want bouillonblokjes zijn al behoorlijk zout). Breng alles al roerend aan de kook en draai het vuur dan lager. Laat de stoofschotel met het deksel op de pan 1 uur sudderen tot het vlees zacht is.
- Voeg de wortelen, koolraap, bleekselderij en aardappelen toe, zet het deksel weer op de pan en laat het gerecht nog eens 40 minuten sudderen tot de groenten zacht zijn. Breng de schotel zo nodig opnieuw op smaak. Draai, indien de saus aan de dunne kant is, het vuur hoger en kook zonder deksel op de pan tot de saus enigszins is ingedikt. Haal het kruidenbundeltje voor het serveren uit de pan.

BEREIDINGSTIJD: 15 MIN. | KOOKTIJD: 2 UUR EN 30 MIN.

Voor 4-6 personen

- 2-3 eetlepels plantaardige olie
- 900 g runde-stoofvlees, in stukjes van 2 cm gesneden
- 1 grote ui, in dunne ringen gesneden
- 1 eetlepel bloem
- 2 eetlepels donkerbruine basterdsuiker
- 1 blikje donker bier
- 1/2 l runderbouillon
- 1 eetlepel tomatenpuree
- 1 kruidentuiltje
- zout en peper
- takjes verse peterselie ter garnering

RUNDVLEES IN DONKER BIER GESTOOFD

Calorieën 506 | Vet 20 g

- Verwarm de oven voor op 160 °C/gasovenstand 3. Verhit 2 eetlepels olie in een vuurvaste schaal. Voeg eenderde van het vlees toe en braad het op hoog vuur 6-7 minuten aan tot alle stukjes mooi bruin zijn. Neem het uit de pan en herhaal dit voor de overige twee porties vlees. Zet apart.
- Zet het vuur lager, voeg de ui toe en bak 5 minuten, al roerend. Strooi er de bloem en suiker over, roer 1-2 minuten en voeg wijn en bouillon toe. Als het geheel goed warm is, voegt u vlees, tomatenpuree en kruidentuilltje toe. Breng op smaak en doe het deksel erop.
- Zet de afgedekte schaal in de oven en laat anderhalf tot 2 uur stoven. Roer af en toe, voeg eventueel wat water toe en kijk of het vlees al mooi zacht is. Haal dan de schaal uit de oven, breng eventueel weer op smaak, verwijder het kruidentuiltje en serveer met de peterselie.

BEREIDINGSTIJD: 15 MIN. | KOOKTIJD: 15 MIN.

Voor 4 personen

- 450 g biefstuk, in dunne reepjes gesneden
- 1 knoflookteentje, geperst
- 1 rood pepertje, ontdaan van zaadjes en fijngesneden (optioneel)
- 1 eetlepel donkere sojasaus
- zwarte peper
- 2 theelepels maïzena + 1 eetlepel water
- 1 eetlepel witte-wijnazijn
- 2 eetlepels plantaardige olie
- 1 gele en 1 rode paprika, ontdaan van zaadlijst en in reepjes gesneden
- 1 grote courgette, julienne gesneden
- 145 g peultjes
- 3 eetlepels roerbaksaus van zwarte bonen
- 4 sjalotjes, gesneden

RUNDVLEES MET ZWARTE-BONENSAUS

Calorieën 347 | Vet 19 g

- Meng het vlees met knoflook, het rode pepertje (optioneel), sojasaus en zwarte peper naar smaak in een schaal. Bind maïzena met het water tot een glad papje, voeg de azijn daarbij.
- Verhit de olie in een wok op hoog vuur. Doe het vlees en de marinade in de wok en roerbak 4 minuten. Schep het vlees voortdurend om.
- Voeg de paprika' s toe en roerbak 2 minuten. Voeg courgette en peultjes toe. Laat 3 minuten koken. Draai het vuur lager, voeg gebonden maïzena en de zwarte-bonensaus toe. Blijf roeren om alles goed te mengen, laat daarna nog 2 minuten koken. Doe vlak voor het opdienen de sjalotjes erbij.

BEREIDINGSTIJD: 15 MIN. | KOOKTIJD: 55 MIN.

Voor 4 personen

- 8 stukjes kip (drumsticks)
- 2 eetlepels olijfolie
- 1 ui, in plakjes gesneden
- 2 knoflookteentjes, fijngesnipperd
- 1 rode en 1 gele verse peper, zaadjes verwijderd en in zeer dunne ringetjes gesneden
- 2 theelepels paprikapoeder
- 3 eetlepels droge sherry (of vermout)
- 400 g tomaten in stukjes uit blik
- 1 laurierblad
- 1 sliertje sinaasappelschil (zonder wit)
- 200 g chorizo (Spaanse pittige worst), in plakjes
- 60 g ontpitte zwarte olijven
- zout en zwarte peper

SPAANSE KIP MET CHORIZO

Calorieën 443 | Vet 31 g

- Leg de kipstukjes in een grote braadpan met antiaanbaklaag en braad ze, zonder olie, 5-8 minuten op een zacht vuur rondom aan tot ze gebruind zijn. Gebruik een houten spatel. Haal de kip uit de pan en gooi eventueel ontstaan vloeibaar vet weg.
- Voeg de olie toe aan de pan en bak ui, knoflook, verse peper 3-4 minuten tot alles zacht is. Doe de kip weer terug in de pan, en voeg paprikapoeder, sherry, tomaten, laurierblad en sinaasappelschilletje toe. Breng alles aan de kook, en laat vervolgens op een zeer laag vuur 35-40 minuten sudderen. Af en toe roeren en de kip omdraaien.
- Voeg, als de kip absoluut gaar is, de chorizo en olijven toe en warm nog 5 minuten goed door. Proef of er nog zout en peper bij moet.

Tip: Door de heerlijke mediterrane geuren, is deze ovenschotel net zo lekker met rijst als met knapperig stokbrood. En als u geen sherry wilt gebruiken, kan u die vervangen door bouillon of sinaasappelsap.

BEREIDINGSTIJD: 10 MIN. | KOOKTIJD: 6-10 MIN.

Voor 4 personen

- 3 eetlepels peperkorrels
- 4 dikke filetsteaks, ieder ongeveer 150 g
- 2 eetlepels olijfolie
- 2 koppen rode wijn
- zout

STEAK AU POIVRE

Calorieën 335 | Vet 14 g

- Plet de peperkorrels met een vijzel en stamper of met een deegroller. Bestrijk de steaks met 1/2 van de olie en druk de peper met de vingers langs de zijkanten in de steaks.
- Verhit de rest van de olie in een braadpan met dikke bodem op een middelmatig tot hoog vuur. Bak de steaks in 5-6 minuten, waarbij u ze eenmaal keert, tot ze goed zijn. De baktijd is afhankelijk van de dikte van de steaks, dus controleer of ze gaar genoeg zijn voor u ze uit de pan haalt.
- Leg de steaks op borden en houd ze warm. Temper de warmtebron en giet de wijn langzaam in de pan, voeg daarna 115 ml water toe. Breng alles aan de kook en laat het 4 minuten, of tot het tot de helft is ingedikt, koken onder constant roeren. Voeg zout naar smaak toe en schenk de saus over de steaks.

Tip: Serveer met frieten of nieuwe aardappeltjes en een frisse salade.

BEREIDINGSTIJD: 30 MINUTEN | KOOKTIJD: 15 MINUTEN

Voor 4 personen

- 4 varkensschnitzels
- 125 g vers witbroodkruim
- 50 g Parmezaanse kaas, geraspt
- 1 theelepel gedroogde oregano
- peper en zout
- 1 groot ei, losgeklopt
- olie om in te bakken
- verse oregano als garnering (naar keuze)

Saus

- 1 grote sinaasappel
- 1 sjalot, gesnipperd
- zout en zwarte peper

hoofdgerecht

VARKENSSCHNITZELS MET SINAASAPPEL EN OREGANO

Calorieën 411 | Vet 23 g

→ Maak eerst de salsa. Snijd een paar reepjes uit de schil van de sinaasappel en houd ze apart. Snijd de boven- en onderkant van de sinaasappel en verwijder de schil en het witte vel. Volg hierbij de ronding van de vrucht. Snijd de partjes uit het vel en vang het sap op. Hak de partjes in stukjes, meng ze met de sjalot en het sap. Voeg naar smaak peper en zout toe.

→ Leg de schnitzels tussen twee vellen huishoudfolie. Maak ze met een deegroller even dik. Meng het broodkruim met Parmezaanse kaas, oregano en peper en zout. Haal elke schnitzel door het losgeklopte ei en dan door het gekruide broodkruim.

→ Schenk 1 cm olie in een grote pan met zware bodem. Bak twee schnitzels aan beide kanten in 3-4 minuten gaar en goudbruin. Laat ze op keukenpapier uitlekken en houd ze warm terwijl u de andere twee schnitzels bakt. Garneer ze met de reepjes sinaasappelschil en de verse oregano en dien ze op met de salsa.

BEREIDINGSTIJD: 12 MIN | KOOKTIJD: 8 MIN

Voor 4 personen

- 2 theelepels olijfolie
- 2 knoflookteentjes, geperst
- 455 g varkensfilet, ontdaan van alle vetrandjes, gesneden in 1 cm dikke reepjes
- 1 rode paprika, gesneden
- 1 groene paprika, gesneden
- 1/2 kop sinaasappelsap
- 1/4 kop balsamicoazijn
- vers gemalen zwarte peper
- 1 bosje rucola of waterker

h o o f d g e r e c h t

VARKENSVLEES MET BALSAMICO

Calorieën 190 | Vet 2,5 g

→ Verhit de olie in een wok op hoog vuur, voeg de knoflook toe en roerbak 1 minuut of tot de knoflook goudbruin is. Doe de varkenfilet in de wok en roerbak 3 minuten of tot het vlees bruin is. Voeg de rode en groene paprika, het sinaasappelsap en de azijn erbij en roerbak 3 minuten of tot het vlees gaar is. Breng op smaak met zwarte peper.

→ Verdeel de rucola of waterkers over de borden en schep hier het vlees en de saus bovenop. Dien onmiddellijk op.

BEREIDINGSTIJD: 30 MIN | KOOKTIJD: 75 MIN.

Voor 6 personen

- 2 theelepels arachideolie
- 1 grote ui, fijngesneden
- 2 knoflookteentjes, fijngesneden
- 900 g stoofvlees, vet verwijderd en in blokjes
- 2 eetlepels bloem
- 2 eetlepels zoutloze tomatenpuree
- 3,25 dl rode wijn
- 3,25 dl runderbouillon
- 2 wortelen, in dunne plakjes
- 300 g champignons in stukjes
- 2 eetlepels verse tijm, fijngesneden
- 2 eetlepels verse peterselie, fijngesneden
- 2 velletjes bladerdeeg, ontdooid
- 6 takjes tijm
- 1 eetlepel magere of halfvolle melk

VLEESTAARTJES MET WIJN

Calorieën 325 | Vet 8,5 g

- Verwarm de oven voor op 200 °C. U heeft voor dit recept twee taartvormpjes met een inhoud van 5 dl nodig.
- Verwarm de olie in een grote pan en smoor hierin de uien in 5 minuten goudbruin. Voeg het knoflook en het rundvlees toe en bak het vlees aan alle kanten mooi goudbruin.
- Voeg de bloem en tomatenpuree toe en laat alles 2 minuten al roerend stevig sudderen. Giet de wijn en bouillon erbij en breng het gerecht aan de kook. Voeg de wortelen, paddenstoelen en fijngesneden tijm toe. Draai het vuur lager en laat het vlees met deksel op de pan 1 uur garen. Haal het deksel van de pan en laat het gerecht nogmaals 45 minuten op het vuur staan tot het vlees zacht is en de saus is gereduceerd en ingedikt. Roer de peterselie door het vlees, schep het vlees in een diepe kom en laat de vulling volledig afkoelen.
- Snijd met behulp van de bovenkant van de taartvormpjes 6 rondjes uit het bladerdeeg. De rondjes moeten 2 cm groter zijn dan de bovenkant van de vormpjes. Lepel de afgekoelde vulling in de taartvormpjes. Bestrijk de randen van elk deegrondje met een beetje water en leg ze over de vulling (met de vochtige kant naar beneden) en duw het deeg stevig tegen de randen. Maak een kruisvormige inkeping bovenin elke taart, duw hier een takje tijm in en bestrijk de bovenkant met een beetje melk.
- Bak de hartige taartjes in 20-25 minuten gaar, tot het deeg knapperig en goudbruin is geworden en de vulling gloeiend heet. Geef er aardappelpuree en gestoomde sperzieboontjes bij.

BEREIDINGSTIJD: 30 MIN. | KOOKTIJD: 20 MIN.

Voor 4 personen

- 2 eetlepels bloem
- 250 g champignons in plakjes
- 8 basilicumblaadjes, gesnipperd
- 1/4 theelepel gedroogde dragon
- 1/4 theelepel paprikapoeder
- zout en versgemalen peper
- 6 halve kippenborsten
- 1 eetlepel olijfolie
- 1 eetlepel boter
- 2 kleine knoflookteentjes, gehakt
- 1/2 kop droge witte wijn, zoals chardonnay of sauvignon blanc
- 1 kop rode druiven, gehalveerd en ontpit
- 1/2 kop kippenbouillon
- 1 theelepel vers citroensap
- 1 eetlepel fijngehakte verse peterselie

WIJNGAARDKIP

Calorieën 357 | Vet 3 g

- Meng bloem, basilicum, dragon, paprika en zout en peper in een grote kom. Voeg de kip toe en schud zachtjes tot het vlees bedekt is. Verhit de olie en de boter in een grote braadpan op een middelhoog vuur. Voeg de kip toe en braad aan beide kanten tot alles goudbruin is. Voeg knoflook en champignons toe; bak 1 minuut mee en giet de wijn erbij. Sluit de pan en laat de kip zachtjes smoren tot het vlees bijna gaar is, ongeveer 5 minuten.
- Voeg druiven, bouillon en citroensap toe en laat alles goed warm worden. Leg de kip op een schaal en houd warm. Laat de saus doorkoken tot die de helft is ingekookt. Schenk de saus voor het opdienen over de kip en garneer met de peterselie.

BEREIDINGSTIJD: 15 MIN. PLUS 30 MIN. RUSTEN | KOOKTIJD: 35 MIN.

Voor 4 personen

- 1/2 kop bloem
- zout en zwarte peper
- 2 middelgrote eieren
- 1 1/4 kop melk
- 2 eetlepels plantaardige olie
- 1 ui, gesnipperd
- 1 wortel, fijngesneden
- 1 kop champignons, fijngesneden
- 350 g rundergehakt
- 1 kop fijngesneden tomaten uit blik
- 1 kop gebakken bonen
- verse peterselie om te garneren

YORKSHIREPUDDING MET RUNDERGEHAKT

Calorieën 423 | Vet 9 g

- Zeef de bloem en een snuifje zout in een kom en maak in het midden een kuiltje. Voeg de eieren toe aan het kuiltje. Klop de eieren los, zodat de bloem er langzaam in wordt verwerkt en voeg de melk langzaam toe tot een smeuïg deeg ontstaat. Dek af en laat 30 minuten rusten.
- Verwarm de oven voor op 220 °C/gasovenstand 7. Verhit 1 eetlepel van de olie in een braadpan met zware bodem en bak de ui en de wortel 5 minuten, of tot ze zacht zijn. Voeg de champignons toe en bak ze 2-3 minuten, voeg het gehakt toe en bak het 5 minuten of tot het bruin is. Voeg de tomaten toe en laat 15 minuten bakken. Voeg de bonen toe, verhit alles 5 minuten, breng op smaak en houd warm.
- Verdeel de rest van de olie over 4 bakvormpjes. Zet ze 5 minuten in de oven tot de olie heet is. Giet het beslag erin en bak het 20-25 minuten, tot het gerezen is en krokant is. Leg de koekjes op een bord, vul ze met het gehakt en garneer met de peterselie.

Tip: Deze Yorkshirepuddings kan u met verschillende mengsels vullen. Probeer kip met kerrie, vleesballetjes in tomatensaus of een groenteratatouille.